Stitch vai te conquistar, um 'Aloha' para você!

CB050998

© Disney

Ohana significa família, família significa
nunca abandonar ou esquecer.

Nada como um bom
abraço para melhorar o dia!

© Disney

Stitch adora diversão...
e sanduíches de
manteiga de amendoim!

© Disney

Com um sorriso, podemos iluminar
até mesmo a mais escura das noites.

Às vezes, até mesmo Stitch e Angel precisam de uma
pausa para refletir... ou para comer biscoitos!

Quando tudo mais falha,
experimente falar 'Aloha'!

Para Stitch, cada dia é uma nova
aventura esperando para acontecer!

Um abraço pode consertar até mesmo
os corações mais quebrados.

Que tal me abraçar?

Nada pode deter o poder do
amor verdadeiro e puro.

© Disney

Prepare-se para um monte de travessuras,
porque Stitch está a bordo!

© Disney

Cuidado com o abraço de urso...
ou melhor, de alienígena!

O amor é a linguagem universal
que todos podemos entender.

Lembre-se, com Stitch por perto, a monotonia nunca é uma opção!

© Disney

Aloha!

STITCH PROCURA ANGEL

Stitch se perdeu de Angel em um passeio na praia.
Vamos ajudá-lo a encontrá-la?

CHEGADA

Resposta

INÍCIO

As aparências enganam! Você consegue escolher a sombra que corresponde exatamente à imagem do Stitch em destaque?

A

B

C

D

Resposta: D.

Resposta

© Disney

QUEM É?
Ligue os pontos e descubra
quem está no desenho

© Disney

É hora de dançar! Escolha um espaço amplo, coloque sua música favorita e dance com o Stitch e a Angel! Depois, aproveite para pintar o desenho!